Made in the USA
Middletown, DE
25 September 2023

39319481R00064